STRAFRECHT

UND

ETHIK.

VON

DR. FRITZ VAN CALKER,
ORD. PROFESSOR DER RECHTE AN DER KAISER WILHELMS-UNIVERSITÄT
STRASSBURG.

LEIPZIG,
VERLAG VON DUNCKER & HUMBLOT.
1897.

Das Recht der Übersetzung wird vorbehalten.

Vorwort.

Durch die Veröffentlichung dieses Vortrages, den ich am 1. Juli d. J. in der Generalversammlung des Vereins zur Fürsorge für entlassene Gefangene des Bezirks Unter-Elsafs gehalten habe, komme ich der freundlichen Aufforderung nach, die von einer gröfseren Zahl meiner damaligen Zuhörer an mich gerichtet wurde.

Ich schreite zu dieser Veröffentlichung nicht ohne erhebliche Bedenken, — Bedenken, die insbesondere darin wurzeln, dafs ich hier die Erörterung von Fragen unternommen habe, die in ihren Grundlagen zu den schwierigsten und in der Wissenschaft aller Zeiten, wie noch heute, meist behandelten Kontroversen auf dem Gebiete der Philosophie und des Strafrechts in unmittelbarer Beziehung stehen, und dafs ich diesen Versuch gewagt habe in den zeitlich eng gezogenen Grenzen eines Vortrages, der für ein keineswegs nur aus Fachgenossen bestehendes Auditorium bestimmt war.

Wenn ich diese Bedenken zurückdränge, so geschieht dies aus der nämlichen Erwägung, die mich nach der ehrenvollen Aufforderung, in der Generalversammlung des Vereines über eine dem Gebiet meiner Wissenschaft entnommene

Frage zu sprechen, zur Wahl des vorliegenden Themas führte: sie entstammte dem Wunsch, nicht nur Fachgenossen sondern Männer und Frauen aus allen Kreisen der Bevölkerung, wie sie sich heute in den Fürsorgevereinen zu segensreicher Thätigkeit zusammengeschlossen haben, für den Gedanken zu interessieren, dafs die wirksamste Bekämpfung des Verbrechens durch die Einpflanzung ethischer Grundsätze geschehe und den Weg darzulegen; auf welchem sowohl bei Bestimmung der Strafe in Gesetz und Urteil, wie auch insbesondere im Vollzug der Freiheitsstrafe eine grundsätzliche Berücksichtigung der ethischen Gesinnung des Verbrechers durchgeführt werden könnte. Durch diesen Wunsch wurde nun auch die Art und Weise der Veröffentlichung, insbesondere der Verzicht auf die Beigabe eines wissenschaftlichen Apparates bedingt; dem Fachgenossen hoffe ich in weiteren Arbeiten eingehendere Untersuchungen der Fragen, die ich hier zum Teil nur andeutungsweise gestreift habe, vorlegen zu können.

Strafsburg, am 10. Juli 1897.

van Calker.

Hochansehnliche Versammlung!

Die Statuten bezeichnen als Zweck unseres Vereines [1]:
„Das ehrliche Fortkommen sowie die sittliche Selbständigkeit der entlassenen Strafgefangenen zu fördern, und sie vor Rückfall zu bewahren."
Die Aufgabe des Vereines deckt sich damit in einem wesentlichen Punkte mit den Tendenzen, welche den modernen Richtungen in der Strafrechtswissenschaft charakteristisch sind. Hatte nämlich die ältere sogen. klassische Schule sich vorwiegend damit beschäftigt, die allgemeinen und besonderen Merkmale des Thatbestandes der Verbrechen historisch-dogmatisch zu untersuchen, um hierdurch eine dem Willen und Sinn des Gesetzes gemäfse Anwendung seiner Normen zu ermöglichen, so sind neuerdings diejenigen Richtungen in unserer Wissenschaft in den Vordergrund getreten, die vor allem die Notwendigkeit einer Besinnung darüber betonen, durch welche andersartige Gestaltung der heute gegebenen Strafmittel und ihres Vollzugs eine wirksamere Bekämpfung des Rückfalls herbeigeführt werden könnte.

---

[1] Vgl. Statuten des Vereines zur Fürsorge für entlassene Gefangene vom 8. April 1884 § 3.

Die Antworten, welche auf die hiermit gestellte Frage gegeben werden, gehen weit auseinander; die Grundlage der Verschiedenheit der Meinungen ist vorzüglich in der Verschiedenheit des Standpunktes gegeben, von welchem aus die Frage nach den Ursachen des Verbrechens beantwortet wird. Der Erforschung der Ursachen des Verbrechens wird aber heute aus der richtigen Erkenntnis, daſs der Eintritt unerwünschter Wirkungen am besten dadurch verhindert wird, daſs die Ursachen dieser Wirkungen aufgehoben werden, entscheidende Bedeutung beigelegt.

I.

Die klassische Schule erblickt die Ursache des Verbrechens in dem freien ursachlosen und damit jeder gesetzmäfsigen Einwirkung entrückten Willen des Thäters; ihr treten die neueren Richtungen, in dieser Beziehung übereinstimmend, mit der Behauptung gegenüber, dafs auch der menschliche Willen dem Kausalitätsgesetz unterworfen, ein ursachloses Wollen ein Unding, die Ursache des Verbrechens somit tiefer, nämlich in den den Willen bestimmenden Faktoren, zu suchen sei.

Die eine Richtung, die sogen. kriminal-anthropologische Schule, begründet durch den Turiner Psychiater Cesare Lombroso, behauptet nun weiter, dafs der Verbrecher besondere, sowohl pathologisch-degenerative wie atavistische Merkmale erkennen lasse, durch welch' letztere er in der heutigen civilisierten Gesellschaft die niederen Rassen vertritt, und dafs er in jeder Weise von dem normalen Typus des gesunden erwachsenen civilisierten Menschen abweiche, sie sieht also die Ursache des Verbrechens in der anthropologischen Eigenart des Verbrechers.

1*

Die andere Richtung, die **sociologische Schule** (auch jung-deutsche Kriminalistenschule genannt), begründet und geführt insbesondere durch den Hallenser Strafrechtslehrer **Franz von Liszt**, steht, wenn sie auch die Nachweisbarkeit eines einheitlichen anthropologischen Verbrechertypus bezweifelt, doch der kriminal-anthropologischen Schule in mancher Beziehung nahe, sie stellt jedoch ihrerseits **die den Verbrecher umgebenden äufseren, gesellschaftlichen, insbesondere wirtschaftlichen Verhältnisse, das „milieu"**, als Faktor des Verbrechens in den Vordergrund.

Es kann nun nicht meine Absicht sein, hier eine eingehende Kritik dieser Anschauungen zu geben, es soll dies nur insoweit geschehen, als es zur Begründung meiner eigenen, im folgenden zu entwickelnden Auffassung notwendig erscheint[1].

Der kriminal-anthropologischen Schule gegenüber stehe ich auf dem Standpunkt, dafs zwar eine Reihe von körperlichen und geistigen Anomalien bei einer grofsen Anzahl von Verbrechern aufgefunden wurde, dafs es aber bisher keineswegs gelungen ist, das Vorhandensein eines **Verbrechertypus** oder den regelmäfsigen kausalen Zusammenhang zwischen solchen pathologischen Erscheinungen und dem Verbrechen wissenschaftlich nachzuweisen. Ich füge hinzu, dafs ich die Möglichkeit eines solchen Nachweises schon um deswillen von vornherein als unbedingt ausgeschlossen erachte, weil das Verbrechen als Übertretung

---

[1] Eine feinsinnige Besprechung der in den Arbeiten der beiden Schulen zu Tage getretenen Anschauungen hat neuerdings v. Bar in seiner Festrede über „Probleme des Strafrechts" gegeben.

der in ihrem Inhalt dem Wechsel der Rechtsanschauungen unterworfenen Norm, begrifflich überhaupt nicht in eine unmittelbare logische Beziehung zu einer pathologischen geistigen oder körperlichen Disposition gebracht werden kann.

Doch ich möchte mich hier weniger gegen die kriminal-anthropologische Schule, die in Deutschland nur wenige Vertreter zählt, als vielmehr gegen die zweite der angeführten Richtungen, die sociologische, wenden.

Insoweit sich diese Richtung neuerdings den Anschauungen der kriminal-anthropologischen Schule nähert, indem sie geneigt scheint, die Begehung eines Verbrechens als Symptom einer geistigen Erkrankung des Thäters zu betrachten[1], gilt das soeben Vorgebrachte auch hier. Der Kriminalist, dessen bisherige Aufgabe im Falle der Berechtigung solcher Anschauungen ja dem Arzte zur Lösung zufiele, kann sich darauf berufen, dafs dieser sich zum Antritt der reichen Erbschaft heute wissenschaftlich noch nicht berechtigt fühlt.

Auf ganz anderem Gebiete aber liegen die Einwendungen, welche gegen die der Schule in erster Linie charakteristischen Anschauungen vorzubringen sind:

Die sociologische Auffassung, welche, wie bemerkt, die den Verbrecher umgebenden äufseren gesellschaftlichen Verhältnisse als ausschlaggebenden Faktor des Verbrechens betrachtet, steht und fällt meines Erachtens mit einer ganz

---

[1] Vgl. v. Liszts Vortrag über die strafrechtliche Zurechnungsfähigkeit in der Zeitschrift für die ges. Strafrechtswissenschaft Bd. XVII S. 70 ff. und dazu meinen Aufsatz über das nämliche Thema in der Deutschen Juristenzeitung II. Jahrg. (1897) S. 25 ff.

bestimmten Meinung über die Geltung und Bedeutung des Kausalitätsgesetzes bei der Bildung des Willens. Sie behauptet nämlich, dafs der Mensch durch die **objektive Kausalität** der gegebenen Umgebung zu seinem Wollen und Handeln gezwungen werde, sie erachtet somit nicht den Willen des Einzelwesens, sondern Kräfte, die aufserhalb desselben stehen und auf denselben kausal einwirken als Ursache seiner Entschlufsfassung. Durchaus konsequenterweise kommt diese Auffassung auf solchem Wege dazu, den ethischen Begriff der persönlichen „Schuld" des Einzelnen überhaupt zu leugnen und vielmehr eine Schuld der Gesellschaft, deren Verhältnissen ja das Verbrechen entstammt, anzunehmen, und endlich verfährt diese Auffassung auch ganz folgerichtig, wenn sie die Bezeichnung der Strafe als „Sühne", als „gerechte Vergeltung" principiell verwirft und ihrerseits Art und Mafs der Strafe im konkreten Fall nicht nach der Schwere der That, nicht nach dem Mafs der in dieser That gegebenen Verschuldung bestimmt, sondern vielmehr nach dem Grade der Gefährlichkeit des Thäters für die Gesellschaft überhaupt und nach den Zwecken, die diesem Gesichtspunkt entsprechend im Interesse der Sicherheit der Gesellschaft durch die Strafe jeweils erreicht werden sollen [1].

In dieser scharfen Betonung des Zweckgedankens: der „zielbewufsten Bekämpfung des Verbrechertums" durch die

---

[1] In sehr wirkungsvoller Weise ist vor kurzem H. Seuffert in seiner Rektoratsrede („Was will, was wirkt, was soll die staatliche Strafe?") für den Standpunkt eingetreten, dafs die staatliche Strafe nur die Einwirkung auf den Verbrecher selbst, um ihn von weiterem Unrechtthun abzuhalten, zum Ziel habe.

Strafe liegt in erster Linie die grosse Bedeutung der sociologischen Auffassung, und dankbar wird auch der Gegner stets der Thatsache eingedenk bleiben müssen, dafs die sociologische Schule, insonderheit ihr tapferer energischer Führer von Liszt in der hiermit gegebenen Richtung durch die Kritik des Bestehenden, wie durch positive Vorschläge zur Umgestaltung eine wirksame Reform unserer Strafrechtspflege überhaupt erst angebahnt hat.

Dieses Gefühl dankbarer Anerkennung darf uns aber nicht hindern, auf die erheblichen Gefahren hinzuweisen, die mit Notwendigkeit aus der sociologischen Auffassung für den Bestand unserer ethischen Grundanschauungen erwachsen: die Verwerfung der Begriffe persönliche Schuld, Sühne, Vergeltung, Gerechtigkeit. Und wer ein Festhalten an diesen Begriffen für die Entwickelung und sittliche Vervollkommnung des Menschengeschlechtes als notwendig erachtet, wird deshalb hier als Gegner in den Kampf eintreten müssen.

Die Verwerfung der genannten ethischen Begriffe ist, wie bemerkt, meines Erachtens eine konsequente Folgerung aus dem Satze, dafs der menschliche Wille durch die umgebenden gesellschaftlichen, insbesondere wirtschaftlichen, Verhältnisse kausiert werde. Ist dieser Ausgangspunkt richtig, dann sind auch die gezogenen Konsequenzen zu billigen.

Ich verneine nun die Richtigkeit des Ausgangspunktes. Meine Anschauung gründet sich dabei auf folgende Auffassung des psychologischen Vorgangs der Willensbildung bezw. Entschlufsfassung: Fassen wir den einzelnen Willensakt als Objekt unseres Erkennens ins

Auge, betrachten wir ihn als ein historisches Ereignis, wie irgend ein anderes Geschehen in der uns umgebenden Welt, so verwenden wir hierbei das Gesetz der Kausalität als eine Kategorie unseres Erkennens, unter welcher wir die Mannigfaltigkeit der Erscheinungen in Einheit zusammenziehen: Wie wir bei der Betrachtung eines Ereignisses allgemein davon ausgehen, daſs jede Wirkung aus einer bestimmten Ursache folge, so gehen wir ebenso davon aus, daſs auch der Willensakt als ein Ereignis betrachtet, eine Ursache voraussetze, und behaupten, daſs der Mensch nicht ohne Ursache wollen könne, daſs vielmehr für jeden einzelnen Willensakt ein zureichender Grund, — der freilich häufig unterhalb der Bewuſstseinsschwelle bleibt, — gegeben sein müsse. Wenn also jemand, um die Unabhängigkeit der Willensbildung vom Kausalitätsgesetz darzuthun, etwa sagt: „Ich kann doch wollen, was ich will", so sage ich: gewiſs, Du kannst wollen, was Du willst, aber Du willst eben nur das, wofür der zureichende Grund gegeben ist. (Du kannst morgen um 6 Uhr aufstehen oder im Bett liegen bleiben, wie Du „willst"; aber Du „willst" eben nur dann aufstehen, wenn Du hierfür den zureichenden Grund hast.)

Durch diese Anwendung des Kausalitätsgesetzes auf die Erkenntnis der menschlichen Willensbildung verneine ich die Annahme der Möglichkeit „ursachloser Selbstbestimmung" und „über dem Kausalgesetz stehender Willkür" und trete dadurch in Gegensatz zu der Auffassung der klassischen Schule, insoweit diese an der Freiheit des Willens im Sinne des „liberum arbitrium indifferentiae", d. i. der Nichtanwendung des Kausalgesetzes als einer Kategorie unseres Erkennens auf die menschliche Willensbildung, festhält.

Ich möchte diesen Gegensatz durch Bezugnahme auf Ausführungen zweier Vertreter der klassischen Schule in Kürze noch etwas näher zu beleuchten suchen:

Auf dem von mir bekämpften Standpunkte steht von Kriminalisten heute u. a. insbesondere Birkmeyer[1]; die Freiheit des Willens bedeutet ihm, „dafs der Mensch im stande sei, die Willensreize, welche die Aufsenwelt in ihm erzeugt, nach freier Willkür zu Willensmotiven werden zu lassen oder nicht", Willensunfreiheit aber „das Unterworfensein unserer Entschlüsse unter das Kausalitätsgesetz".

Diesen Ausführungen gegenüber ist die Frage zu erheben: Sollen die Worte „nach freier Willkür" hier besagen, der Mensch könne sich entschliefsen, ohne „zureichenden Grund", es sei mithin reiner Zufall, ob und wie er handle — dann, meine ich, müssen wir dieser Anschauung mit dem Einwand entgegentreten, dafs dieselbe mit unserer Erfahrung nicht in Einklang zu bringen ist. Denn diese sagt uns, dafs wir für unsere Entschlufsfassung stets den zureichenden Grund gehabt, sie sagt uns, dafs wir nur dann jeweils anders gehandelt hätten, wenn wir durch Vorliegen eines anderen Grundes — vielleicht z. B. das Bewufstsein der

---

[1] Vgl. Birkmeyer, Über Ursachenbegriff und Kausalzusammenhang im Strafrecht, im Gerichtssaal Bd. XXXVII S. 257 ff., insbes. S. 276, 331, 334 f. Derselbe in der Kritischen Vierteljahrsschrift Bd. XXXI S. 539 ff. und in der Zeitschrift für die ges. Strafrechtswissenschaft Bd. XVI S. 95 ff. Den nämlichen Standpunkt nimmt v. Buri ein (vgl. insbes. Beiträge zur Theorie des Strafrechts S. 445 ff.). H. Meyer vertritt die Annahme „einer gewissen, wenn auch nur beschränkten Willensfreiheit" (Lehrbuch des deutschen Strafrechts, 5. Aufl., S. 5).

sittlichen Verwerflichkeit jener Handlung — hierzu geführt worden wären.

Birkmeyer folgt in dem hier Mitgeteilten den Ausführungen Bindings[1]. Sehe ich recht, so ist aber Bindings Standpunkt mit demjenigen Birkmeyers nicht ganz identisch: Binding verlegt die Quelle der freien Handlung in das dem Kausalitätsgesetz nicht unterworfene Sein — eine Annahme, die meines Erachtens, weil sie nicht Gegenstand wissenschaftlicher Erkenntnis sein kann, als Ausgangspunkt und Grundlage für wissenschaftliche Folgerungen nicht geeignet ist —, für die Welt der Erscheinung anerkennt er aber ausnahmslos das Kausalitätsgesetz als mafsgebend. Von diesem Standpunkt aus bekämpft B. nun einerseits den Indeterminismus im Sinne des liberum arbitrium indifferentiae, andererseits die Prädestinationslehre und den Materialismus, letzteren mit der Behauptung, dafs bei der Entstehung der Motive den für den einen oder anderen Reiz ausschlaggebenden Faktor der Mensch selbst — nicht nur als Werkzeug in der Hand anderer Ursachen — setze. Dieser Annahme ist aber von der von mir vertretenen Anschauung aus völlig zuzustimmen, denn dieselbe führt keineswegs zu der materialistischen Auffassung der Willensbildung, wie sie in der sociologischen Schule gegeben ist, sie tritt dieser vielmehr mit aller Schärfe gegenüber: Die Behauptung, der einzelne Willensakt unterliege dem Kausalitätsgesetz, habe also eine Ursache, besagt keineswegs, dafs diese Ursache nun aufserhalb des Einzelwesens liege, besagt keines-

---

[1] Vgl. Binding, Die Normen und ihre Übertretung Bd. II (1877) S. 8 ff.

wegs, dafs das Einzelwesen durch die von Aufsen wirkende Ursache zu dem konkreten Willensakt gezwungen werde. Eine solche Auffassung ist durchaus irrig. Die den Menschen umgebende Welt bietet ihm „Reize" zum Handeln — und ohne Anreiz kein Handeln — aber diesen Reizen wohnt keine absolute Kraft in dem Sinne inne, dafs sie mit einer bestimmten Stärke ausgestattet auf das menschliche Willensleben einzuwirken und dadurch eine in der Richtung des Reizes liegende Entschlufsfassung kausal herbeizuführen vermöchten. Es bestimmt sich vielmehr die Kraft, der „Gefühlswert" des einzelnen Reizes rein subjektiv nach der Eigenart des betreffenden Individuums. Welche Faktoren bei dieser Wertbestimmung wirksam sind, ist im einzelnen unerforschlich; empirisch beweisbar ist aber, dafs die Wertbestimmung sich im Inneren des Einzelwesens abspielt, durch das „Ich" des Einzelwesens gegeben wird. Nicht fatalistische Notwendigkeit, nicht äufserer Zwang also treibt den Menschen zu seinen Handlungen, in seiner eigenen Persönlichkeit ruht die Wurzel seiner Thaten. Der menschliche Wille ist frei, das heifst nicht: Der Mensch kann sich entschliefsen, kann handeln ohne Grund, aber es heifst: Der Mensch entschliefst sich, der Mensch handelt in Gemäfsheit seiner Eigenart.

Der Akt der Willensbildung und Entschlufsfassung verläuft nun weiterhin wohl etwa in folgender Weise: Im Wege der Association tauchen auf den von Aufsen gegebenen Reiz hin, weitere Vorstellungen — gleichfalls mit einem individuell bestimmten Gefühlswert ausgestattet — auf, liegen dieselben in der nämlichen Richtung, wie der

Reiz, so verstärken sie diesen zum Motiv (Beweggrund) und führen so einen dem Reiz entsprechenden Entschluſs und die entsprechende Handlung herbei. Ist die Richtung dagegen eine andere — dem Reiz entgegengesetzte — so tritt das psychologische Stadium der „Überlegung" ein: Es findet eine Abwägung des Gefühlswertes der gegebenen Vorstellungen statt; das Resultat dieser Abwägung ist der Entschluſs in der Richtung der höchsten Summe der in Frage stehenden Werte. Liegt die höchste Summe in der Richtung des Reizes, so entspricht der Entschluſs diesem; liegt die höchste Summe in der entgegengesetzten Richtung, so verhindern die betreffenden Vorstellungen eine in der Richtung des Reizes sich bewegende Entschluſsfassung, sie treten dem Reiz als Hemmungsvorstellungen gegenüber.

In diesem psychologischen Vorgange ist meines Erachtens der Ausgangspunkt und die notwendige Grundlage für jede weitere Erwägung gegeben.

Wir haben uns nunmehr auf das specielle Untersuchungsgebiet der Entschluſsfassung zum Verbrechen zu begeben: Die Entschluſsfassung wird durch einen Reiz angeregt; derselbe kann sich als innerer Vorgang oder als eine durch die Umgebung erzeugte Sinneserregung darstellen. Die Höhe des Gefühlswertes dieses Reizes bestimmt sich nach der Eigenart des betreffenden Individuums. Tritt gegenüber diesem Reiz keine Hemmungsvorstellung auf, so erfolgt sofort die entsprechende Entschluſsfassung, eine entgegengesetzte Entschluſsfassung setzt also das Auftauchen einer Hemmungsvorstellung voraus. Es ergiebt sich somit der Satz: Wenn der Reiz zur Begehung eines

Verbrechens hervorgerufen ist, wird der Entschluſs, das Verbrechen zu verüben, nur dadurch verhindert, daſs gegen den Reiz höherwertige Hemmungsvorstellungen auftauchen. Die Möglichkeit aller Verbrechenshinderung besteht deshalb — wenn das Auftreten des Reizes nicht gehindert werden kann — in der Erzeugung von Hemmungsvorstellungen. Wenn ich hiermit die Bedeutung der Einpflanzung von Hemmungsvorstellungen betone, liegt es mir selbstverständlich sehr fern, die Bedeutung der Reize, die durch das „milieu", die gesellschaftlichen, insbesondere wirtschaftlichen Zustände, das Klima, die Temperatur und andere Momente gegeben werden, zu verkennen oder gar in Abrede zu stellen. Ein Blick in die uns umgebenden Verhältnisse läſst uns ja mit erschreckender Deutlichkeit erkennen, wie durch die Not des täglichen Lebens, den Mangel an Arbeitsgelegenheit, die mit den ungünstigen Wohnungsverhältnissen der Groſsstädte zusammenhängende Immoralität an Tausende die Versuchung zum Verbrechen herantritt, von der andere durch die Gunst ihrer wirtschaftlichen Lage völlig bewahrt werden. Und in dieser Erkenntnis können wir uns gar nicht deutlich genug vor Augen führen, daſs es für den wirtschaftlich Schwachen unendlich viel schwieriger ist, sich keiner Gesetzesverletzung schuldig zu machen, als für den mit zeitlichen Glücksgütern Gesegneten, daſs es somit pharisäische Selbstüberhebung wäre, wenn wir verachtungsvoll auf den Verbrecher hinabschauen wollten in dem thörichten Wahne, selber über der Möglichkeit, ein Verbrechen zu begehen, ja hoch erhaben zu sein.

Aber der hierdurch wachgerufene dringende Wunsch nach einer Besserung der wirtschaftlichen Lage für viele Tausende darf und kann nicht die Erkenntnis verschleiern, dafs zwar die Reize zum Verbrechen durch die Umgebung geboten werden, dafs aber die **Ursache** desselben in dem Mangel an Widerstandskraft des Einzelnen liegt. Die Resultate der **Statistik**, die von der sociologischen Schule als „bestes" Beweismittel vorgebracht werden, beweisen hier meines Erachtens nicht **für**, sondern **gegen** die materialistische Auffassung. Denn wenn uns die Statistik etwa erzählen würde, dafs von gegebenen zehntausend Personen, für welche infolge des Steigens der Getreidepreise eine wirtschaftliche Krisis entstanden, eintausend innerhalb eines bestimmten Zeitraumes zu Delikten gegen das Eigentum geschritten seien, ist damit bewiesen, dafs hier thatsächlich in dem wirtschaftlichen Faktor die Ursache des Verbrechens liegt? Ja, warum wären denn dann nur **eintausend** von den **zehn**tausend durch die Kausalität der wirtschaftlichen Verhältnisse zum Verbrechen getrieben worden? War denn dieser Faktor für die übrigen neuntausend nicht auch wirksam?

Gewifs, aber er wirkte auf die neun- wie auf die eintausend nicht als **Ursache**, sondern als **Reiz**; bei den eintausend war **keine Hemmungsvorstellung** gegen diesen Reiz vorhanden, sie folgten demselben deshalb, **durch ihre Eigenart kausal getrieben**, die neuntausend aber wurden durch vorhandene Hemmungsvorstellungen vor der Begehung von Verbrechen zurückgehalten.

Welcher **Natur** können solche Hemmungsvorstellungen sein? welchen Inhalt können sie haben?

Es liegt nahe, die **Furcht** vor der auf die Begehung des Verbrechens angedrohten **Strafe** als Inhalt der Hemmungsvorstellung zu bezeichnen. Zweifellos ist dieses Verhältnis nicht selten gegeben; zweifellos werden viele Individuen von der Begehung einer strafbaren Handlung nur durch die Furcht vor drohender Strafe und den sich aus dieser ergebenden weiteren Nachteilen zurückgehalten. Der Regelfall aber ist dieses nicht; es wäre ja auch traurig, wenn es so wäre.

Regelmäfsig ist vielmehr Inhalt der Hemmungsvorstellung das Bewufstsein des **Widerspruchs zur rechtlichen und sittlichen Norm**. Es siegt das rechtliche und sittliche Motiv; die Vorstellung: jene Handlung, zu welcher der Anreiz gegeben ist, wird vom Gesetz verboten, ist ethisch verwerflich, erscheint als die mit höherem Gefühlswert ausgestattete, sie wird dadurch zur Hemmungsvorstellung.

Ich sage: es sind rechtliche und sittliche Vorstellungen, welche gegen den Reiz zum Verbrechen auftreten; es scheint mir aber zweifellos, dafs die ersteren hinter den letzteren an Bedeutung und Gewicht weit zurückstehen. Gewifs dient das Bewufstsein des Widerspruches zu einer Rechtsnorm häufig als kräftiges Motiv gegen die Begehung einer Handlung, allein das wirksamste Gegenmotiv ist sicherlich stets das Bewufstsein der ethischen Verwerflichkeit. Es ist dieses Wertverhältnis wohl daraus zu erklären, dafs die ethischen Normen in viel höherem Mafse als richtige von der Gesamtheit gebilligt und mit dieser Autorität ausgestattet dem einzelnen regelmäfsig von früher Jugend auf eingeprägt werden, überdies auch viel weniger einem Wechsel der Anschauungen von Zeit zu Zeit und von Volk zu Volk unterworfen sind, als dies bezüglich der Rechtsnormen als solcher der Fall ist.

Damit ergiebt sich für uns das Resultat: **Die wirksamste Bekämpfung der Verbrechen geschieht durch die Einpflanzung ethischer Grundsätze.**

II.

Der Erziehung der Jugend fällt die Aufgabe der Einpflanzung ethischer Grundsätze in erster Linie zu; es bedarf ja keines Beweises und keiner Erklärung, daſs und warum das jugendliche Gemüt wie für die Aufnahme aller Vorstellungen, so auch für die ethischen Inhaltes bei weitem empfänglicher ist, als dies beim reiferen Alter der Fall.

Und nun, verehrte Anwesende, dürfen wir der bedeutsamen Frage, die sich hier erhebt, nicht ausweichen: Wird die Jugenderziehung dieser ihrer Aufgabe heute vollkommen gerecht? Ich habe die Überzeugung: wir müssen die Frage verneinen; den Beweis für die Richtigkeit dieser Meinung finde ich in dem unheimlichen Anwachsen der Kriminalität überhaupt, insbesondere der Kriminalität der Jugendlichen. So schmerzlich diese Erkenntnis auch ist, sie darf uns nicht mutlos machen, sie braucht uns auch nicht mutlos zu machen, wenn wir uns bewuſst sind, daſs wir bessern können, und wenn wir entschlossen sind, dieser Erkenntnis gemäſs zu handeln.

Als erste und wichtigste Aufgabe ergiebt sich hier meines Erachtens eine Gestaltung der Erziehung überhaupt in der Richtung einer größeren Berücksichtigung des Zieles, daß dem zu Erziehenden in weiterem Umfang und in wirksamerer Weise, als dies bisher geschehen, sittliche Vorstellungen eingepflanzt werden. Die heutige intensive Art des Lebens, die Freiheit des Wettbewerbes und der Zwang, an diesem teil zu nehmen, in ihm sich geltend zu machen, die ungeheuere Ausdehnung des Verkehrs und eine Reihe anderer mit der hohen Entwickelung unserer Zeit notwendig verbundener Umstände bietet in weit höherem Maße als dies in früheren Zeiten der Fall, Reize zu verbrecherischen Handlungen. Die Erzielung ethischer Gegenmotive gegen diese Reize hat nicht gleichen Schritt gehalten. Im Gegenteil. Die außerordentliche Entwickelung der Wissenschaften, insbesondere der Naturwissenschaften im Laufe unseres Jahrhunderts hat die Bedeutung des Wissens und das allgemeine Streben nach Wissen in der Erziehung so in den Vordergrund geschoben, daß der Bildung des Gemütes, des Willens in derselben nur mehr ein recht spärlicher Raum zugemessen erscheint. Der Inhalt der Jugendbildung in Schule und Haus ist heute in erster Linie „Unterricht", die „Erziehung" steht weit in der zweiten Linie.

Diese einseitige Betonung der Bedeutung des Wissens kann für die Entwickelung eines Volkes auf die Dauer nicht günstig sein. Gewiss „Wissen ist Macht", aber ein richtiger Gebrauch dieser Macht im Interesse der Förderung des Wohles der Gesamtheit ist nur möglich, wenn durch ein Fortschreiten auch in dem Gebiete ethischer Grundsätze eine harmonische Entwickelung gewährleistet wird. Nur durch eine solche harmonische Entwickelung ist ja die

Erstarkung und wirkliche Vervollkommnung eines Volkes gesichert, denn die erhaltende und die vorwärtstreibende Kraft im Leben der Völker liegt in allererster Linie in der immer weiteren und immer wirksameren Verbreitung ethischer Normen.

Doch wie wäre eine solche weitere und wirksamere Verbreitung sittlicher Grundsätze denn anzubahnen?

Die Antwort hierauf steht nicht dem Juristen, sondern dem Pädagogen zu. Gleichwohl wird es gewifs auch dem ersteren gestattet sein, diese Frage, die für die Entwickelung des ganzen Staatslebens von so hervorragender Wichtigkeit ist, zu erwägen und nach einer gedeihlichen Lösung derselben zu forschen.

Ich darf vielleicht einiger Gesichtspunkte an dieser Stelle Erwähnung thun:

Man gewinnt meines Erachtens bisweilen den Eindruck, als ob die Erziehung in Schule und Haus von der Anschauung ausginge, dafs dem Menschen die Kenntnis der ethischen Normen, die Unterscheidung von Gut und Böse **angeboren** sei, dafs die Einpflanzung dieser Grundsätze deshalb keineswegs eine Aufgabe der Erziehung zu bilden habe, da ja ein jeder „gut" handeln könne, auch ohne jede weitere Belehrung über das sittlich Gute, falls er nur wirklich „**wolle**". Eine schwere Täuschung! entstanden wohl auf der Grundlage unrichtig aufgefafster religiöser Lehren, vielleicht auch auf der Grundlage der Lehre von der Freiheit des Willens im Sinne des liberum arbitrium indifferentiae.

Hier thut eine ruhige Besinnung dringend Not! Eine Besinnung darauf, dafs auch die Kenntnis und die Wertschätzung ethischer Grundsätze erworben werden mufs im Wege der Erfahrung und Gewöhnung!

„Der Mensch ist böse von Jugend auf", das heifst in dem hier interessierenden Sinn: er handelt rein egoistisch, er nimmt diejenigen Thätigkeiten vor, die der Selbst- bezw. Arterhaltung dienen, im weiteren Sinn die Lustgefühle erzeugen. Zu einer Beschränkung dieser Thätigkeiten, zu einer Leitung seiner Gedanken und Handlungen auf die Förderung des Wohles Anderer, dazu mufs er erzogen werden. Gewiss, die Fähigkeit, sittliche Eigenschaften zu erwerben, ruht als göttlicher Funke in seiner Seele, aber diese Fähigkeit bedarf der Erweckung, der Ausbildung, und zwar der Ausbildung in der Gemeinschaft mit anderen Menschen und durch diese Gemeinschaft.

Und wem fällt nun diese so ungemein bedeutsame Aufgabe zu?

Zweifellos in erster Linie der häuslichen Erziehung. Eltern und Geschwister und andere nahe und nahstehende Blutsverwandte sind sicher regelmäfsig am besten in der Lage, auf das Kind sittlich einzuwirken, weil sie eben überhaupt den ersten und damit schon zumeist den gröfsten Einflufs auf seine Seele zu gewinnen vermögen. Durch sie wird deshalb der wirksamste und nachhaltigste Eindruck auf das Kind ausgeübt und damit die Grundlage für seine ganze weitere Entwickelung gelegt.

Fehlen aber diese natürlichen Erzieher, oder sind dieselben ihrer Aufgabe nicht gewachsen, so hat die Erziehung durch den Staat zu erfolgen — eine Aufgabe, die der moderne Staat zwar wohl bereits als solche erkannt hat, zu deren entsprechender Lösung aber kaum die ersten schüchternen Versuche gegeben sind.

Die **Schule** muſs — und kann nur — ergänzend eingreifen.

Innerhalb der einzelnen Unterrichtsfächer ist hier der **Religionsunterricht** von der allergröſsten Bedeutung. Meiner Überzeugung nach sind die Grundsätze der Moral in keinem noch so feinsinnigen und tief durchdachten philosophischen System in so klarer und einfacher, das Gemüt mächtig bewegender Weise zur Darstellung und Veranschaulichung gelangt, als dies in den Lehren der christlichen Religion der Fall ist, und ich kann nicht umhin, ausdrücklich auszusprechen, daſs ich den Versuch einer ethischen Erziehung, die auf eine Begründung ihrer Grundsätze durch die Autorität **religiöser** Anschauungen verzichten zu können vermeint, einstweilen als durchaus aussichtslos betrachte.

Freilich darf gerade der Religionslehrer nicht in den Fehler verfallen, von dem wir vorher sprachen, er darf nicht das Streben nach einem blossen **Wissen**, einem bloſsen Kennen der religiösen Lehren und ihrer dogmatischen Kontroversen in den Vordergrund des Unterrichtes stellen; er muſs, gestützt auf die Grundsätze der religiösen Moral in erster Linie eine Anweisung geben nicht zu einem richtigen Wissen, sondern zu einem **guten Wollen**.

III.

Die kriminalistische Bedeutung der Erziehung in sittlicher Richtung und damit die **Bedeutung des ethi-**

schen Faktors im Strafrecht überhaupt, ist nun aus verschiedenen Gesichtspunkten ins Auge zu fassen.

Zunächst — und hiervon handelten wir bisher — hat die ethische Erziehung zum Ziel, von der Begehung von Verbrechen überhaupt abzuhalten, damit also die Generalprävention im weitesten Sinn. Wir sehen, dafs dieses Ziel zwar bei der grösseren Anzahl, keineswegs aber bei allen erreicht wird, wir sehen eine aufserordentlich grofse Anzahl von jüngeren und älteren Personen täglich zum Verbrechen schreiten. Für diese war also in ihren ethischen Vorstellungen eine genügend kräftige Hemmungsvorstellung gegen den Anreiz zum Verbrechen nicht gegeben. Sie trifft für die Begehung ihrer That die staatliche Strafe.

Die rechtliche und sittliche Schuld liegt in dem Fehlen bezw. in der mangelnden Wirksamkeit rechtlicher und sittlicher Grundsätze, der Schuld folgt die Strafe als Vergeltung und zwar als gerechte Vergeltung, wenn die Strafe in ihrer Art und ihrem Mafs der Gröfse des in der That gegebenen Verschuldens entspricht.

Aber könnte mir nun nicht vielleicht mit Recht der Einwand entgegengebracht werden: „Schuld" und „gerechte Vergeltung" sind Begriffe, die nur vom Standpunkt einer Auffassung der Willensfreiheit im Sinn des liberum arbitrium indifferentiae befugterweise angewendet werden dürfen, vom Standpunkt der hier vertretenen Auffassung aus mufs der Gebrauch dieser Begriffe als unlogisch und deshalb unbedingt unzulässig bezeichnet werden!? Ein solcher Vorwurf träfe mit Recht die materialistische Auffassung; von meinem Standpunkt aus dagegen bin ich berechtigt, einen derartigen Einwand mit aller Entschiedenheit zurückzuweisen, denn der Begriff der Vergeltung gestattet nicht nur, er **setzt** vielmehr meines Erachtens **voraus**, dafs die Handlung, welche vergolten werden soll, **der Eigenart des Handelnden kausal entstammt** und dafs sie nicht etwa dem blinden Zufall über dem Kausalgesetz stehender Willkür zuzuschreiben ist[1].

In der **gerechten** Vergeltung durch die Strafe aber sucht der Staat mit den schwachen Mitteln menschlicher Berechnungs- und Bewertungskunst dem gewaltigen und erhabenen Gesetze zu folgen, welches die ganze Natur durchdringt und das Princip für jede Vervollkommnung in der Natur bildet, dem Gesetz, das da lautet: **Jedem Lebewesen ist beschieden, die Vorteile zu geniefsen und die Nachteile zu erdulden, die sich unter vorhandenen Verhältnissen aus seiner konkreten Eigenart ergeben.** Durch die Befolgung dieses Princips in der Bestrafung realisiert der Staat die **irdische Gerechtigkeit.**

IV

Für die Beurteilung des Verhältnisses gerechter Vergeltung mufs neben der Bedeutung der durch die Handlung

---

[1] Die Vereinbarkeit der Annahme, dafs das Kausalgesetz auch im Bereiche des menschlichen Handelns Geltung habe, mit dem Wesen des Begriffes der Vergeltung ist von Merkel in eminenter Weise dargethan worden (s. Lehrbuch des Strafrechts S. 72 ff. und „Vergeltungsidee und Zweckgedanke im Strafrecht"); vgl. hierzu auch die guten Ausführungen bei Liepmann, „Die Bedeutung A. Merkels für Strafrecht und Rechtsphilosophie" in der Zeitschrift für die ges. Strafrechtswissenschaft Bd. XVII S. 638 ff.

herbeigeführten Interessenverletzung in erster Linie in Betracht kommen die Intensität der in der That gegebenen verbrecherischen Gesinnung und damit die Thatsache des gröfseren oder geringeren Mangels an ethischen Motiven.

Die Strafe ist gerecht, wenn sie diesen Momenten Rechnung trägt.

Dafs unser geltendes Recht bei der Bestimmung der Strafrahmen in weitestem Mafse die Bedeutung des durch die Handlung herbeigeführten strafrechtlich relevanten Erfolges in Rücksicht zieht, bedarf keiner weiteren Ausführung; läfst sich das Gleiche von der Berücksichtigung der Bedeutung ethischer Motive sagen[1]?

Albert Friedrich Berner bemerkt einmal (Teilnahme S. 150): „Der Jurist fragt: Was hat dieser Mensch gethan? Welches ist das allgemeine Prädikat, unter das sich seine Handlung subsumiert? Die Frage des Moralisten geht einen Schritt weiter; sie lautet: Warum hat er es gethan? Welches war sein Zweck bei der Objektivierung dieser Absicht?"

Ist diesen Worten vom Standpunkt des geltenden Rechtes aus in dem Sinne zuzustimmen, dafs wir die Würdigung der ethischen Motive des Thäters durch den Richter bei der Festsetzung der Strafe principiell als ausgeschlossen bezeichnen müssen? Keineswegs! Im Gegenteil; denn

---

[1] Die Bedeutung des Motivs im Strafrecht ist bis vor kurzem keineswegs genügend gewürdigt worden; vgl. aber jetzt die Aufsätze von v. Liszt in der Zeitschrift für die ges. Strafrechtswissenschaft Bd. XVI S. 477 ff., von Thomsen ebendort Bd. XVII S. 272 ff. und Kraus Bd. XVII S. 467 ff.

wenn unser Gesetzbuch auch nicht, wie dies beispielsweise in dem Vorentwurf zu einem schweizerischen Strafgesetzbuch geschieht, das Motiv als allgemeinen Strafschärfungs- bezw. Strafmilderungsgrund aufstellt, so kann der Richter doch einmal bei der Strafzumessung innerhalb des ordentlichen Strafrahmens und dann wenn bei Vorhandensein „mildernder Umstände" ein besonderer niederer Strafrahmen zur Verfügung steht, das Motiv des Thäters berücksichtigen. Aufserdem aber ist — abgesehen von verschiedenen andersartigen Bestimmungen des allgemeinen und besonderen Teiles, in welchem die Würdigung des Motivs der Handlung in irgend einer Weise für den Standpunkt des Gesetzgebers mafsgebend war — vor allem im § 20 eine interessante Vorschrift gegeben; hier heifst es:

„Wo das Gesetz die Wahl zwischen Zuchthaus und Festungshaft gestattet, darf auf Zuchthaus nur dann erkannt werden, wenn festgestellt wird, dafs die strafbar befundene Handlung aus einer ehrlosen Gesinnung entsprungen ist."

Wenn nun auch das Anwendungsgebiet des § 20 wenig umfangreich ist — eine wahlweise Androhung von Zuchthaus und Festungshaft geschieht nur bei einer Anzahl der sogen. politischen Delikte —, so halte ich gleichwohl diese Bestimmung für sehr bedeutsam und zwar insbesondere um deswillen, weil sie für die Berücksichtigung der Motive ein ganz bestimmtes Princip aufstellt: die Vorschrift der Berücksichtigung des Motivs bei der Wahl der Strafart.

Sollte nun etwa gegen die hier von mir geschehene Identifizierung des Begriffes „Gesinnung" mit dem Begriff „Motiv" Einspruch erhoben werden wollen, so mufs ich selbstverständlich zugeben, dafs diese Begriffe grundsätzlich keine gleichbedeutenden sind: „Beweggrund" oder „Motiv" ist der einzelne konkrete Zweck, reflektiert in das Bewufstsein des Handelnden, (die Vorstellung des zu erreichenden konkreten Zweckes), „Gesinnung" dagegen der Inbegriff der Motive, welche für das Handeln eines Menschen regelmäfsig bestimmend sind; gleichwohl glaube ich, dafs hier eine Gleichstellung der beiden Begriffe um deswillen zulässig ist, weil der Gesetzgeber nach Sinn und Wortlaut der Vorschrift zweifellos gerade eine Berücksichtigung der für die konkrete Handlung bestimmenden Motive anordnet.

Der § 20 spricht von einer „ehrlosen" Gesinnung; was haben wir hier unter dem Begriff „ehrlos" zu verstehen? Eine eingehendere Untersuchung dieser Frage, die viele interessante Gesichtspunkte böte, da sie eine Erörterung des so viel und lebhaft besprochenen Begriffes der „Ehre" im Rechtssinne überhaupt bedingen würde, müssen wir uns hier versagen, sie möchte uns zu weit ab von dem eigentlichen Ziel der heute gegebenen Aufgabe führen; es mag hier die Feststellung ausreichen, dafs der Gesetzgeber in dem Begriff zweifellos eine bestimmte Schattierung einer ethisch verwerflichen Gesinnung zu treffen sucht, dafs er somit hier für die Bestimmung der Strafart das ethische Motiv des Thäters als entscheidend erklärt.

Das Gesetz stellt durch diese Vorschrift der Zuchthausstrafe als der entehrenden Freiheitsstrafe die Festungshaft als nicht entehrende Freiheitsstrafe gegenüber. Steht diese Gegenüberstellung mit der Auffassung des Charakters der beiden Strafarten im Strafgesetzbuch im Einklang? Ich glaube, wir alle sind geneigt, diese Frage unbedingt zu bejahen und auch in unseren Lehrbüchern des Strafrechts ist die Zuchthausstrafe ohne weiteres als die entehrende Freiheitsstrafe bezeichnet. Allein die Antwort ist doch nicht von vornherein so zweifellos. Der Entwurf unseres Strafgesetzbuches nämlich verneint aufs Entschiedenste, daſs die Zuchthausstrafe als solche eine entehrende Strafe sei und diese Auffassung ist auch von seiten der Regierung noch in den Verhandlungen des Reichstags mit aller Bestimmtheit vertreten worden.

Der maſsgebende Gesichtspunkt für den Entwurf war — wie dies in den Motiven deutlich ausgesprochen ist — der, daſs es ein Vorurteil sei, wenn angenommen werde, daſs eine bestimmte Strafart entehre, es sei Aufgabe des Gesetzgebers, der Einsicht zum Ziele zu verhelfen, daſs das Entehrende einer strafbaren Handlung weder in der verhängten Strafart, noch weniger in dem Straforte der Verbüſsung, sondern in ganz anderen Kriterien zu suchen sei.

Von dieser Erwägung ausgehend, hatte der Entwurf im Gegensatz zum preuſsischen Strafgesetzbuch den Verlust der bürgerlichen Ehrenrechte nicht ipso iure mit der Zuchthausstrafe verbunden, sondern ausgesprochen, daſs der Verlust der bürgerlichen Ehrenrechte — und in diesem sei das entehrende Moment gegeben — sowohl neben Zuchthaus als auch in gewissen Fällen und unter bestimmten Voraussetzungen neben Gefängnis erkannt werden könne.

Insoweit wäre nun das gewollte Princip ganz richtig durchgeführt gewesen — aber nun kommt die Durchbrechung: Die Verurteilung zur Zuchthausstrafe hat die dauernde Unfähigkeit zum Dienste in dem deutschen Heere und der Kaiserlichen Marine, sowie die dauernde Unfähigkeit zur Bekleidung öffentlicher Ämter von Rechts wegen zur Folge. Mit vollem Recht wurde da in den Reichstagsverhandlungen auf den alten Satz hingewiesen: „Wehrlos — ehrlos"; wem das Recht aberkannt wird, die Waffen zu tragen, der ist entehrt — eine Strafe, mit welcher dieser Verlust ipso jure verbunden ist, ist nach Ansicht des Volkes eine entehrende.

Die Einwendungen, welche gegen diese Auffassung vorgebracht wurden, konnten keine wirksamen sein — es klang zu sehr der Ton durch die Melodie, dafs eben das Militär doch eine ganz besondere Ehre habe, auf die eine ganz besondere Rücksicht zu nehmen sei. Und mit dieser Auffassung konnte sich die Majorität des Reichstages — übrigens sprachen auch konservative Abgeordnete in diesem Sinne — nicht befreunden.

Die Bestimmungen des Entwurfs sind nun Gesetz geworden, aber das gewollte Princip ist völlig zu Verlust gegangen — beseitigt ist dasselbe am entschiedensten schliefslich durch die Gegenüberstellung von Zuchthausstrafe und Festungshaft im § 20.

Der § 20 ist selbstverständlich im Entwurf noch nicht enthalten gewesen, die Aufnahme desselben ist erst auf Antrag des Abgeordneten Dr. Meyer-Thorn und Genossen (in der II. bzw. III. Lesung) erfolgt.

Der Entwurf hatte bei den politischen Delikten nur Zuchthaus angedroht — lediglich bei Vorhandensein mildernder Umstände sollte auf Festungshaft erkannt werden können. Gegen diese ausschliefsliche Androhung der

Zuchthausstrafe wandte sich die Majorität aufs energischste und es gelang ihr auch, die alternative Androhung von Zuchthaus und Festungshaft durchzusetzen. Zur Ergänzung und zur Sicherung des in der alternativen Drohung enthaltenen Princips diente der Antrag Dr. Meyer. Trotz sehr entschiedener Opposition der Regierung — des Justizministers Dr. Leonhardt — wurde der Antrag angenommen.

Die Einwände, die gegen den Antrag vorgebracht wurden, heben zwei Gesichtspunkte besonders hervor: einmal den, dafs durch die Gegenüberstellung von Zuchthaus und Festungshaft, wie sie im Antrag geschehe, die Zuchthausstrafe erst zu einer entehrenden werde, zum andern, dafs man die politischen Verbrechen dadurch privilegiere, denn auch gemeine Verbrechen beruhten nicht immer und nicht notwendig auf ehrloser Gesinnung.

Der erste Einwand ist, wie schon vorher erörtert, nicht stichhaltig — das Princip war bereits im Entwurf nicht konsequent durchgeführt.

Der zweite Einwand dagegen ist durchaus zutreffend.

Es scheint mir die Behauptung nicht zu gewagt, dafs alle Delikte auch ausnahmsweise einmal aus einer nicht ehrlosen Gesinnung hervorgehen können. Beispiele solcher Art sind gewifs jedem von uns bekannt.

Welche Schlufsfolgerung aber müssen wir ziehen, wenn wir diesen Einwand als zutreffend erachten. Den: dafs deshalb die Bestimmung für die politischen Delikte nicht getroffen werden dürfe? Nein, verehrte Anwesende, meines Erachtens eine ganz andere: die, dafs die wahlweise Androhung der entehrenden und der nicht entehrenden Strafe nicht nur bei den politischen Delikten, wo dies allerdings besonders wünschenswert erscheint, sondern vielmehr bei allen Delikten ausgesprochen werden müsse. Ich empfehle somit die Aufnahme dieses Gedankens in folgendem Umfang: Bei allen Delikten, die überhaupt mit Freiheitsstrafe belegt werden sollen, ist die wahlweise Androhung einer entehrenden und einer nicht entehrenden Freiheitsstrafe auszusprechen. Entscheidend für die Wahl der einen oder anderen ist die Gesinnung, aus der das Verbrechen entsprungen.

Der hiermit gegebene Grundsatz wäre ein neues Princip für die Bestimmung der Strafart, dem neuen aber bringen wir stets mehr oder minder lebhaftes Mifstrauen entgegen — namentlich dann, wenn es ohne Zusammenhang mit den bisherigen Grundsätzen, der bisherigen Entwickelung steht. Finden wir aber einen Zusammenhang mit dem Bisherigen, erkennen wir den Gedanken als eine mehr oder minder notwendige Entwickelung aus bereits Gegebenem, dann mindert sich häufig unser Mifstrauen und wir sind eher geneigt, die etwa mögliche Lichtseite des Neuen in Erwägung zu ziehen.

Ich kann diesem berechtigten Verlangen bezüglich der Nachweisung eines Zusammenhanges mit der geschichtlichen Entwickelung entsprechen.

Zunächst und vor allem wäre ja das Princip, wie vorher dargethan, nichts anderes als eine radikale Durchführung des im § 20 aufgestellten Grundsatzes. Allein nicht nur in dem geltenden Recht ist ein Anknüpfungspunkt gegeben: Jahrhunderte (vielleicht Jahrtausende) weiter zurück läfst sich die Entwickelung verfolgen.

Osenbrüggen hat in seinem alamannischen Strafrecht nachgewiesen, dafs dem germanischen Strafrecht eine Scheidung von „Ehrlichen" und „Unehrlichen" Sachen (Delikten) eigen war, je nach der Gesinnung, aus welcher das betreffende Delikt regelmäfsig hervorzugehen pflegte. Als unehrliche Sache gilt z. B. der Diebstahl, der Raub, die Fälschung, der Meineid; als ehrliche Sache der Totschlag, d. i. die Tötung im offenen ehrlichen Kampf. Die Scheidung hatte bedeutsame Konsequenzen; die wichtigste ist die: Man unterschied ehrliche und unehrliche Strafen, die entsprechend dem Verbrechen erkannt wurden. Aufserdem wurde z. B. nur dem Thäter, der sich einer „ehrlichen Sache" schuldig gemacht, Asyl gewährt.

Die Tendenz, welche aus der Scheidung von ehrlichen und unehrlichen Sachen hervorgeht, die Berücksichtigung der Gesinnung, ist, so viel mir scheint — eingehendere historische Studien sind aber hier noch notwendig — niemals in der Gesetzgebung und der Wissenschaft völlig aufgegeben worden. Der Grund dafür, dafs sie mehr und mehr in den Hintergrund trat, scheint mir in einer eigentümlichen Verquickung zu liegen, die hier stattgefunden hat: in der Vermengung der Frage nach der Berücksichtigung der Gesinnung mit der Frage nach der Berücksichtigung der Standesangehörigkeit.

Es würde zu weit führen, wenn wir hier die Wechselbeziehungen, welche sich zwischen der Zugehörigkeit zu einem bestimmten Stand und der Art der Strafe in der Geschichte des Strafrechts auffinden lassen, ausführlicher zur Erörterung bringen wollten, doch möchte ich auf folgende Thatsachen wenigstens kurz hinweisen: Schon das römische Recht unterscheidet in der Kaiserzeit im wesentlichen die Strafarten nach den verschiedenen Klassen der Bevölkerung, den „humiliores" und den „honestiores"; zu den lezteren rechnete man auch die Decurionen, die Soldaten und Veteranen, zu den ersteren alle Sklaven und die „infames"

In der Peinlichen Halsgerichtsordnung Kaiser Karl V. vom Jahre 1532, der sogenannten „Carolina", ist ebenfalls eine Berücksichtigung der Standesunterschiede gegeben; mehrfach finden wir die Vorschrift, dafs bei Bestimmung der Strafe auf „Stand und Wesen" der Person Rücksicht zu nehmen sei und die Commentatoren z. B. Kress und Böhmer, ferner aber auch die deutsche Praxis, wie dies aus Carpzovs Ausführungen deutlich ersichtlich ist, stehen durchaus auf dem Standpunkte, dafs der Richter bei Verhängung einer arbiträren Strafe unbedingt auf den Stand des Verbrechers Rücksicht zu nehmen habe, ja dafs entehrende oder beschimpfende Strafen, selbst wenn sie ausdrücklich angedroht waren, nur in den schwersten Fällen gegen vornehme Verbrecher zu erkennen seien. Dieselbe Tendenz finden wir noch — allerdings nun mehr und mehr gemildert — in den späteren deutschen Partikularrechten. Eine scharfe principielle Zurückweisung derselben ist erst im Code pénal gegeben; der Einflufs dieses Gesetzbuches auf das preufsische und dadurch auf unser geltendes Recht macht sich auch in dieser Richtung geltend, es hat jene Tendenz zurückgedrängt und gemildert — ganz beseitigt ist sie auch heute noch nicht.

Aber ist denn nun wirklich hier eine Wechselbeziehung

zu dem Gedanken einer Berücksichtigung der ethisch nicht verwerflichen Gesinnung gegeben? Es mag diese Behauptung zunächst vielleicht unglaubhaft erscheinen — allein bei näherem Zusehen kann man sich meines Erachtens folgenden Erwägungen nicht verschliefsen:

Warum sollen die Angehörigen der höheren Stände nicht mit einer entehrenden Strafe getroffen werden? Ist nicht die Erwägung die, dafs diesen Personen auch regelmäfsig eine ethisch höher bewertete Gesinnung, „das Gefühl einer besonderen Ehre" innewohne? Liegt der Grund nicht vielleicht in einer Präsumtion des Vorhandenseins einer nicht ehrlosen Gesinnung auch bei Begehung von Verbrechen?

Gegen die unbedingte Bevorzugung der höheren Stände bei der Bestrafung, auch dann, wenn ein gemeines, auf ehrlosen Motiven beruhendes Verbrechen in Frage stand, wandte sich nun bald Theorie wie Praxis und es wurde die Forderung gestellt, dafs bei solchen Verbrechen die Standesunterschiede nicht berücksichtigt werden dürften. Damit war zwar anerkannt, dafs die Präsumtion, den Angehörigen der höheren Stände wohne stets ein besonderes Ehrgefühl inne, nicht immer zutreffend sei — zu dem weiteren Fortschritt aber, zu der Anerkennung, dafs auch den Angehörigen der niederen Stände, selbst bei der Begehung von Verbrechen, eine an sich ethisch nicht verwerfliche Gesinnung innewohnen könne, zu dieser Anerkennung gelangte man noch nicht.

Nun aber kam der Kampf gegen die Berücksichtigung der Standesunterschiede überhaupt; eröffnet in energischer Weise von Beccaria, genährt durch die Gedanken der französischen Revolution, ward dieser Kampf zum Sieg in den Bestimmungen des Code pénal, der jede Standesbevorzugung zu vermeiden strebt. Unter dem Einflusse dieses Gesetzbuches — bezw. der rheinischen Juristen — sehen wir in den Entwürfen zum preußischen Strafgesetzbuch mehr und mehr die Berücksichtigung der Standesunterschiede bei Bestimmung der Strafart verschwinden — und gleichzeitig schwindet, als dem äußeren Schein nach wesentlich mit ihr zusammenhängend, die Berücksichtigung der Motive. Diese Entwickelung läßt sich von Entwurf zu Entwurf verfolgen, gleiche oder ganz ähnliche Entwickelung aber weisen die übrigen deutschen Partikulargesetzbücher auf.

Im deutschen Strafgesetzbuch hat die Berücksichtigung der Motive und damit der ethischen Gesinnung des Thäters den Anfang einer neuen, zweckmäßigeren Entwickelung gefunden; diese Entwickelung weiter zu führen, sie zu einem Princip unserer Gesetzgebung zu gestalten, das scheint mir Aufgabe der nächsten Zukunft.

Allein es kommt der eben entwickelte Gesichtspunkt nicht nur de lege ferenda in Betracht, seine principielle Berücksichtigung ist bereits innerhalb der Bestimmungen des geltenden Rechtes möglich und notwendig: zwar nur in beschränktem Maße bei der Festsetzung der Strafe, in weiterem Umfange aber gelegentlich der so unendlich bedeutsamen Art und Weise des Vollzuges der Freiheitsstrafen.

Ich meine dies in folgendem Sinne: Es muß eine grundsätzliche Scheidung der Bewohner unserer

Strafanstalten stattfinden mit Rücksicht auf den sittlichen Zustand der Sträflinge.

Es ist dankbar anzuerkennen, dafs eine solche Scheidung nach Mafsgabe der leider nicht genügenden — finanziellen Mittel bereits zum Teil angebahnt wird, die Durchführung dieses Princips ist mit aller Energie anzustreben, denn nur wenn die ethisch noch weniger Verdorbenen von den schlechteren Elementen, insbesondere von den Rückfälligen, durch Unterbringung in Einzelhaft abgetrennt werden, läfst sich einerseits eine Ansteckung der Besseren durch die Schlechteren verhindern, andererseits eine entsprechende sittliche Erziehung im Sinne einer Besserung durch Einpflanzung ethischer Grundsätze in die Wege leiten.

Ich glaube, dafs die Möglichkeit einer solchen Besserung niemals, bei keinem Menschen von vornherein und unbedingt ausgeschlossen ist — wenn man heute so häufig von „Unverbesserlichen" spricht, so beweist dies meines Erachtens nicht, dafs diese thatsächlich durch kein Mittel gebessert werden können, sondern nur, dafs sie durch die bisher angewandten Mittel nicht gebessert worden sind.

Die Möglichkeit einer Besserung ist natürlich bei Jugendlichen in weit höherem Grade gegeben, als bei älteren Personen; der Grund dafür liegt in der psychologischen Thatsache, dafs, wie ja schon oben angeführt wurde, das jugendliche Gemüt allen Einflüssen, so auch insbesondere denen erzieherischer Natur mit viel gröfserer Empfänglichkeit offen steht, als das reifere Alter. Bei den Jugendlichen hat deshalb auch jede Bestrebung, die auf eine Zurückschraubung der Kriminalität gerichtet ist, in erster Linie einzusetzen. Welch' ungemein günstige Resultate auf diesem Wege erreicht werden können, beweisen uns die Ergebnisse, die England durch die Einrichtung der Reformatory und Industrial Schools erzielt hat [1].

Aber nicht nur auf Jugendliche, auch auf Erwachsene, auch auf ältere Personen ist eine ethische Einwirkung im Sinne einer Besserung und einer Bewahrung vor Rückfall noch möglich. Freilich, eine solche Einwirkung ist nicht leicht; Voraussetzung ist stets, dafs der Zögling, auf welchen eingewirkt werden soll, zu allererst einmal die Überzeugung bekommt, dafs derjenige, der sein Erzieher sein will, mit ihm denkt und mit ihm fühlt, dafs jener von den sittlichen Grundsätzen, die er lehren will, selber ganz erfüllt ist — erfüllt ist insbesondere von der edelsten, sittlichen Idee: „Liebe deinen Nächsten als dich selbst!"

Die Lösung der hier gegebenen Aufgaben fällt in erster Linie den Beamten, den Geistlichen, den Lehrern der Strafanstalten zu; in zweiter Linie aber liegt diese hohe Aufgabe auf jedem Mitglied der Gesellschaft überhaupt, auf den Mitgliedern unseres Fürsorgevereins insbesondere. Jedem Menschen steht die Gelegenheit offen, auf seinen Mitmenschen sittlich einzuwirken, jedem ist dadurch die Möglichkeit geboten, an seinem Teile mitzuarbeiten an dem hohen, idealen Werke der ethischen Vervollkommnung des Menschengeschlechts.

---

[1] Vgl. hierzu insbesondere die interessanten Mitteilungen bei Aschrott, Strafensystem und Gefängniswesen in England (1887) und Lenz, Die Zwangserziehung in England (1894).

Printed by Libri Plureos GmbH
in Hamburg, Germany